Lee sobre
George Washington
Read About George Washington

Aileen Weintraub

Enslow Elementary

an imprint of

Enslow Publishers, Inc.

40 Industrial Road
Box 398
Berkeley Heights, NJ 07922
USA

PO Box 38
Aldershot
Hants GU12 6BP
UK

http://www.enslow.com

Words to Know

honor—To show respect to someone.

Presidents' Day—The third Monday in February, when we celebrate the birthdays of George Washington and Abraham Lincoln.

Revolutionary War—The war between England and America from 1775 to 1783. After the war, the United States of America was a separate country.

widow—A woman whose husband has died.

Palabras a conocer

honrar—Mostrar respeto por una persona.

el Día de los Presidentes—El tercer lunes de febrero, cuando celebramos los nacimientos de George Washington y Abraham Lincoln.

la Guerra Revolucionaria—La guerra entre Inglaterra y las colonias de América del Norte desde 1775 a 1783. Después de la guerra, los Estados Unidos de América fueron un país independiente.

la viuda—Una mujer cuyo marido ha muerto.

Enslow Elementary, an imprint of Enslow Publishers, Inc.
Enslow Elementary® is a registered trademark of Enslow Publishers, Inc.

Bilingual edition copyright © 2006 by Enslow Publishers, Inc.
Originally published in English under the title *Read About George Washington* © 2004 by Enslow Publishers, Inc.
Bilingual edition translated by Mauricio Doldán Quiñones, edited by Susana C. Schultz, of Strictly Spanish, LLC.

Library of Congress Cataloging-in-Publication Data

Weintraub, Aileen, 1973–
    [Read about George Washington. Spanish & English]
    Lee sobre George Washington = Read about George Washington / Aileen Weintraub.
        p. cm. — (I like biographies! bilingual)
    Includes bibliographical references and index.
    ISBN 0-7660-2673-6
    1. Washington, George, 1732–1799—Juvenile literature.
2. Presidents—United States—Biography—Juvenile literature.
I. Title: Read about George Washington. II. Title. III. Series.
    E312.66.W44518 2006
    973.4'1'092—dc22
                                                2005020384

Printed in the United States of America

10 9 8 7 6 5 4 3 2 1

To Our Readers: We have done our best to make sure all Internet addresses in this book were active and appropriate when we went to press. However, the author and the publishers have no control over and assume no liability for the material available on those Internet sites or on other Web sites they may link to. Any comments or suggestions can be sent by e-mail to comments@enslow.com or to the address on the back cover.

Every effort has been made to locate all copyright holders of material used in this book. If any errors or omissions have occurred, corrections will be made in future editions of this book.

Illustration Credits: All illustrations are from the Library of Congress, except as follows: Corel Corp., p. 21; Enslow Publishers, Inc., p. 13; National Archives, p. 15.

Cover Illustration: Enslow Publishers, Inc.

Contents / Contenido

1

Growing Up on a Farm

George Washington was a great hero in our country. He was born on February 22, 1732, in Virginia. He lived with his family on a farm.

As a boy, George did many things. He planted in his mother's garden. He played games with his older brother, Lawrence. He learned to ride a pony. When George got older, he even learned to dance!

La niñez en una granja

George Washington fue un gran héroe de nuestro país. Él nació el 22 de febrero de 1732 en Virginia. Él vivió con su familia en una granja.

De niño, George hizo muchas cosas. Él cultivaba el jardín de su madre. Él jugaba con su hermano mayor, Lawrence. Él aprendió a montar un poni. Cuando George creció, ¡incluso aprendió a bailar!

George Washington was a great leader for America.

George Washington fue un gran líder para los Estados Unidos de América.

George grew up to be tall and strong. He became a leader among his friends. Everyone liked George because he was smart and brave.

George was very close to his older brother, Lawrence. So George moved into Lawrence's house. The house was called Mount Vernon.

George creció hasta ser alto y fuerte. Él se volvió un líder entre sus amigos. Todos querían a George porque era inteligente y valiente.

George era muy unido a su hermano Lawrence. Por eso George se mudó a la casa de Lawrence. La casa se llamaba Mount Vernon.

Mount Vernon was a very large farm with many buildings.

Mount Vernon era una enorme granja con muchas construcciones.

2

George Joins the Army

Lawrence joined the army. Later, George joined the army, too. He was soon sent to fight the French. George was made a leader in the army. His soldiers did not have enough clothes to wear or food to eat. But George learned how to fight a war and how to lead men.

George se alista en el ejército

Lawrence se alistó en el ejército. Más adelante, George también se alistó en el ejército. Pronto él fue enviado a pelear contra los franceses. George se convirtió en un líder en el ejército. Sus soldados no tenían suficiente ropa para vestir ni alimentos para comer. Pero George aprendió cómo pelear una guerra y cómo dirigir hombres.

George and his brave men fought the French in a war.

George y sus valientes hombres lucharon contra los franceses en una guerra.

George went back to live in Virginia. He met a woman named Martha Custis. She was a widow with two children. George and Martha got married and lived at Mount Vernon. They grew wheat and raised horses on the farm.

George volvió a vivir a Virginia. Él conoció a una mujer llamada Martha Custis. Ella era una viuda con dos hijos. George y Martha se casaron y vivieron en Mount Vernon. Ellos plantaban trigo y criaban caballos en la granja.

George married Martha, a widow. She had a girl named Patsy and a boy named Jackie. George became their new father. See if you can find them in this painting.

George se casó con Martha, quien era viuda. Ella tenía una niña llamada Patsy y un varón llamado Jackie. George se convirtió en su nuevo padre. Trata de encontrarlos en esta pintura.

George lived in a time before the United States was a country. England owned part of the land that is now the United States of America. But the people in America did not want England to tell them what to do. They wanted to be free.

George vivió en una época en que los Estados Unidos todavía no eran un país, Parte del territorio actual de los Estados Unidos pertenecía a Inglaterra. Pero en América del Norte, la gente no quería que Inglaterra dijera lo que debían hacer. Ellos querían ser libres.

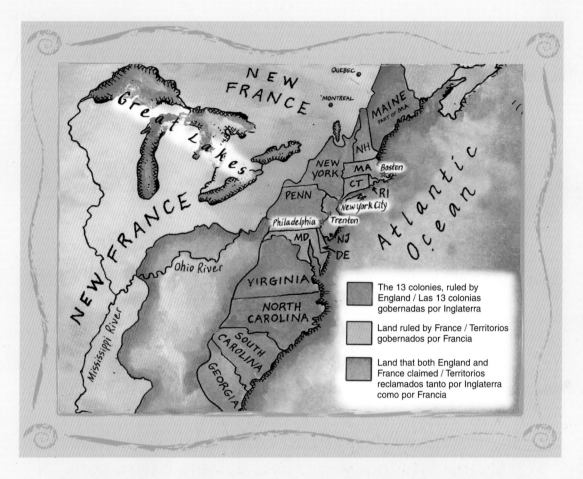

The 13 colonies, ruled by England / Las 13 colonias gobernadas por Inglaterra

Land ruled by France / Territorios gobernados por Francia

Land that both England and France claimed / Territorios reclamados tanto por Inglaterra como por Francia

This map shows what North America looked like when George was growing up. England and France owned most of the land, so Americans were not free.

Este mapa muestra cómo era América del Norte cuando George era niño. Inglaterra y Francia poseían casi todo el territorio, así que los habitantes de América del Norte no eran libres.

3

A War With England

Soon there was another war. This was called the Revolutionary War. It was a war to make America free from England.

George became the leader of the army. He and his men showed how brave they were. Many days, they were tired and cold. George told his men to never give up. They won the war against England.

Una guerra contra Inglaterra

Pronto hubo otra guerra. Ésta fue llamada la Guerra Revolucionaria. Ésta fue una guerra para que las colonias de América del Norte se liberaran de Inglaterra.

George se convirtió en el líder del ejército. Él y sus hombres mostraron su valentía. Durante muchos días, ellos se sintieron muy cansados y con frío. George les dijo a sus hombres que nunca se rindieran. Ellos ganaron la guerra contra Inglaterra.

During the Revolutionary War, George Washington and his army had to camp in the snow. But they did not give up.

Durante la Guerra Revolucionaria, George Washington y su ejército tuvieron que acampar en la nieve. Pero ellos no se rindieron.

4
The First President

The people of the new country needed a leader. They picked George Washington. They thought he was the right man for the job. They knew George was brave and smart.

In 1789, George Washington became the first president of the United States. He was president for eight years.

El primer presidente

Las personas del nuevo país necesitaban un líder. Ellos eligieron a George Washington. Ellos pensaron que él era el hombre indicado para el trabajo. Ellos sabían que George era valiente e inteligente.

En 1789, George Washington se convirtió en el primer presidente de los Estados Unidos. Él fue presidente durante ocho años.

The people of the United States chose Washington to lead the country. In this picture, he is promising to do his best to be a good president.

El pueblo de los Estados Unidos eligió a Washington para guiar al país. En esta pintura, él promete hacer todo lo posible para ser un buen presidente.

In 1797, George Washington went home to Mount Vernon in Virginia. He died on December 14, 1799. The people of the United States were sad. They called George Washington "the Father of his country."

En 1797, George Washington volvió a su hogar en Mount Vernon en Virginia. Él murió el 14 de diciembre de 1799. El pueblo de los Estados Unidos sintió tristeza. Ellos llamaron a George Washington "el padre de su país".

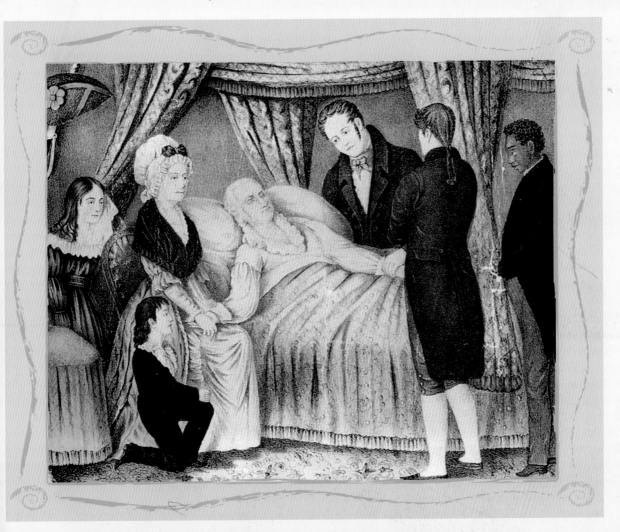

George Washington became sick and died at Mount Vernon.
He was sixty-seven years old. In this painting, Martha is holding
his hand.

George Washington se enfermó y falleció en Mount Vernon.
Él tenía sesenta y siete años de edad. En esta pintura, Martha
está tomando su mano.

Now many places are named after George Washington. On Presidents' Day, we still honor all the hard work he did. He helped make the country we live in today.

Ahora muchos lugares llevan el nombre de George Washington. En el Día de los Presidentes aún honramos el duro trabajo que él hizo. Él ayudó a formar el país en el que nosotros vivimos hoy.

Many places are named after George Washington, our first president. This is the Washington Monument in the city of Washington, D.C.

Muchos lugares llevan el nombre de George Washington, nuestro primer presidente. Éste es el monumento a Washington en la ciudad de Washington, D.C.

Timeline

1732—George Washington is born in Virginia on February 22.

1752—George joins the army.

1754—George fights the French.

1759—George marries Martha Custis and lives at Mount Vernon as a farmer.

1775—George is chosen to lead an army against England in the Revolutionary War.

1783—The war ends. The United States of America is free.

1789—George is elected president.

1799—George Washington dies at Mount Vernon on December 14.

Línea del tiempo

1732—George Washington nace en Virginia el 22 de febrero.

1752—George se alista en el ejército.

1754—George pelea contra los franceses.

1759—George se casa con Martha Custis y vive en Mount Vernon como granjero.

1775—George es elegido para guiar al ejército contra Inglaterra en la Guerra Revolucionaria.

1783—Termina la guerra. Los Estados Unidos se liberan.

1789—George es elegido presidente.

1799—George Washington muere en Mount Vernon el 14 de diciembre.

Learn More / Más para aprender

Books/Libros

In English/En inglés

Jackson, Garnet. *George Washington: Our First President*. New York: Scholastic, 2000.

Mara, Wil. *George Washington*. New York: Children's Press, 2002.

In Spanish/En español

Usel, T.M. *George Washington*. Mankato, Minn.: Bridgestone Books, 1999.

Internet Addresses/Direcciones de Internet

In English/En inglés

George Washington: A National Treasure

<http://www.georgewashington.si.edu/kids/index.html>

Enchanted Learning.com: George Washington

<http://www.enchantedlearning.com/history/us/pres/washington/index.shtml>

Index

Índice